NOTICE

SUR LE

PORT DE PONTA-DELGADA

(ARCHIPEL DES AÇORES — ILE DE SAINT-MICHEL)

PAR

Diniz Moreira da Motta

Ingénieur civil,
Directeur des travaux du port.

1900

IMPRIMERIE LIBANIO DA SILVA

87, Rua do Norte, 103
LISBONNE

PORTUGAL

MINISTÈRE DES TRAVAUX PUBLICS, DU COMMERCE ET DE L'INDUSTRIE

DÉPARTEMENT DE PONTA-DELGADA

(AÇORES)

EXPOSITION UNIVERSELLE DE 1900
GROUPE VI — CLASSE 29
SECTION PORTUGAISE

NOTICE

SUR LE

PORT DE PONTA-DELGADA

(ARCHIPEL DES AÇORES — ILE DE SAINT-MICHEL)

PAR

Diniz Moreira da Motta

Ingénieur civil,
Directeur des travaux du port.

1900

IMPRIMERIE LIBANIO DA SILVA
87, *Rua do Norte*, 103
LISBONNE

PORT DE PONTA-DELGADA

1861—1900

L'île de Saint-Michel, la principale de l'Archipel des Açores, est, depuis de longues années, grâce à sa fertilité, le centre d'un important commerce d'exportation de fruits pour l'Angleterre et de céréales pour le Portugal.

La culture de l'orange qui pendant près d'un siècle a été la principale branche d'agriculture de Saint-Michel, au point de fournir à l'exportation, pendant l'hiver 1875-1876, 360.000 caisses de 800 fruits chaque, est actuellement, dû à la maladie qui a attaqué les oranges, remplacée en grande partie par la culture des ananas et de la patate.

L'exportation des ananas, qui se fait surtout pour Hull, Londres et Hambourg, s'est élevée en 1899 au chiffre de 800.000 fruits, correspondant à 2.000.000 de francs.

La culture de la patate a spécialement pour objet l'extraction de l'alcool, opération qui s'effectue dans trois importantes fabriques.

La production de la patate est d'environ 60.000.000 de kg., représentant 2.600.000 francs et celle de l'alcool se chiffre par 6.600.000 litres pouvant se traduire par 6.600.000 francs, impôt déduit.

Cet alcool est importé en Portugal, où il est employé au traitement des vins.

La valeur des céréales exportées pour le Portugal représente 2.400.000 francs.

Le centre de tout le commerce, d'exportation et d'importation, est Ponta-Delgada, la capitale de l'île, située sur la côte Sud, par 37°44′ de latitude Nord et 25°41′15″ de longitude O. Greenwich.

La population de cette ville est de 17.000

habitants et celle de l'île entière s'élève à 118.000 âmes, disséminées sur une superficie de 98.000 hectares.

L'absence sur les côtes de l'île d'une baie convenablement abritée contre l'agitation des mers des Açores, si souvent bouleversées par les tempêtes, avait déjà depuis le milieu du 16ᵉ siècle fait songer à la construction d'un port artificiel pouvant abriter les navires de faible tonnage employés au commerce local, ainsi que ceux qui, au retour des nombreuses colonies portugaises d'Asie, d'Afrique et d'Amérique, visitaient fréquemment ces parages.

C'est seulement vers le milieu de notre siècle que l'exportation toujours croissante de l'orange pour l'Angleterre, exportation se faisant de décembre à mars et par conséquent en hiver, a obligé à penser sérieusement à la réalisation de cette idée si importante et en même temps si humanitaire.

De décembre à mars, en effet, c'est-à-dire en hiver, Ponta-Delgada était visitée par plus de 200 navires de faible tonnage (de 300 à 400 tonneaux). Ces navires employés à l'exportation de l'orange devaient, à la moindre menace de mauvais temps, lever l'ancre, et il leur arrivait maintes fois d'être jetés à la côte: delà, d'énormes pertes en hommes et en argent.

Il est clair qu'un tel état de choses ne pouvait durer indéfiniment, aussi une commission composée de personnes de bonne volonté prit-elle la résolution de mettre main à l'œuvre.

Comme parmi le grand nombre de projets existant pour la construction du port il ne s'en trouvait aucun en conditions de répondre aux nécessités de l'entreprise, l'ingénieur anglais Tucker, qui connaissait la baie de Ponta-Delgada, élabora en 1853 un nouveau projet, que l'on commença à mettre à exécution en 1861, sous la direction de l'ingénieur anglais Rennie et la surveillance d'une *junte* composée de personnages de la localité nommés par le Gouvernement portugais et dont les fonctions ont été maintenues jusqu'en 1879.

Le projet de Tucker consistait dans la construction de deux jetées enracinées dans la côte et prenant naissance, l'une à l'est du château de Saint-Braz, l'autre au quai de la douane.

Chacune de ces jetées formait 2 bras enveloppant une superficie d'environ 16 hectares. Entre les deux jetées on laissait une ouverture de 75^m,00, face au Sud, pour permettre l'entrée des embarcations.

Suivant ce projet les jetées devaient être formées d'un massif d'enrochements de pierres naturelles. Le talus extérieur devait avoir les inclinaisons successives de 3 sur 1, 4 sur 1 et 1 sur 1, suivant les profondeurs, et le talus intérieur, l'inclinaison de 1 sur 1, sur toute sa hauteur.

Les jetées devaient dépasser de 2^m,00 les plus hautes marées et leur largeur devait être de 42^m,60 au niveau de la marée basse.

Nul mur d'abri ne couronnait les enrochements, pas plus qu'il n'y avait de quais le long des jetées. L'espace abrité n'était considéré que comme un port extérieur, les aménagements nécessaires pour opérer le chargement et le déchargement des navires devaient se faire sur la plage.

Les travaux furent inaugurés le 30 septembre 1861 et les premières 180 tonnes de pierre furent lancées le 28 octobre de l'année suivante. La construction s'est continuée, avec plus ou moins d'activité, et suivant des modifications successives au projet primitif, jusqu'à l'époque actuelle.

La première modification importante apportée au projet de Tucker consistait, pour faciliter le transport de la pierre des carrières à pied d'œuvre, à changer le point de départ de la jetée occidentale en l'enracinant à l'angle Ouest du château de Saint-Braz, au lieu de l'endroit primitivement choisi.

Peu après, en 1863, l'ingénieur Rennie proposa des modifications encore plus radicales. La jetée de l'Est fut supprimée et celle de l'Ouest prolongée. Cette dernière devait se composer de deux tronçons, le premier de 638^m,00 et le second de 274^m,00, de manière à abriter une zone de 25 hectares.

Le profil de la jetée fut également altéré. On diminuait les inclinaisons du talus extérieur, les ramenant à 5 sur 1, 3 sur 1 et 1 $^1/_2$

sur 1, suivant les profondeurs. La jetée devait être couronnée par un parapet de 0^m,65 d'épaisseur dans sa partie supérieure, s'élevant de 5^m,47 au-dessus des plus hautes marées. Intérieurement, il devait y avoir un terre-plein de 14^m,00 de large, dépassant de 2^m,43 le même niveau et muni d'un quai abordable aux navires.

Ni dans le projet de Tucker, ni dans celui de Rennie, on n'indiquait d'une manière précise la manière dont seraient terminés les enrochements. On réservait pour des études complémentaires postérieures le projet définitif de cette partie si importante du parachèvement des jetées.

Le devis du projet de Tucker était de 2.945.000 francs. Celui de Rennie s'éleva à 5.280.000 francs, chiffre évidemment insuffisant, même en ne tenant pas compte des avaries et accidents qu'il y a toujours lieu de prévoir dans des travaux de cette nature.

Pour construire les enrochements, Rennie se servait d'un pont de service en bois sur lequel se prolongeaient les voies ferrées des carrières. C'était le système en usage à cette époque dans la construction de la plus grande partie des ports anglais.

Les dimensions du pont étaient insuffisantes pour la réussite du système employé, car sa plus grande largeur était de $18^m,00$ et les rails ne se trouvaient que de $5^m,55$ au-dessus des marées ordinaires.

Il est clair que, dans ces conditions, les talus n'étaient formés que par l'action des vagues qui roulaient la pierre au fond de la mer et en rejetaient une partie dans l'intérieur du port.

Le système du pont de service ne peut être efficace qu'à la condition que le pont soit de dimensions telles qu'il puisse dominer suffisamment les marées et que, d'autre part, le lancement de la pierre soit effectué avec la plus grande rapidité. Malheureusement il n'en fut pas ainsi, car la plus grande quantité de pierre jetée à l'eau par jour de travail a été de 700 tonnes.

En 1866 l'ingénieur Rennie abandonnait la direction des travaux, qui à partir de cette date a été confiée à des ingénieurs portugais.

De 1866 à 1872, les travaux ont été successivement dirigés d'abord par Mr. R. J. Ferraz, puis ensuite par Mr. M. Machado.

Pendant cette période la largueur du pont de service a été portée à $21^m,28$ et sa hauteur à $6^m,00$ au-dessus du niveau des pleines mers. On s'est servi, en outre, d'une voie ferrée posée sur les enrochements du talus extérieur, ce qui a permis d'élargir le plus possible ce talus sans avoir besoin d'attendre l'action des vagues.

Dans la pensée de l'ingénieur Ferraz, le profil transversal de la jetée devait être formé d'un massif central de $21^m,00$ de largeur, s'élevant de $5^m,30$ au-dessus de la pleine mer et couronné à l'extérieur par un parapet de $4^m,00$ de largeur sur $3^m,00$ de hauteur. Les inclinaisons du talus extérieur devaient être successivement de 3 sur 1, 6 sur 1 et 1 sur 1.

Le massif central devait se continuer du côté du port par un terre-plein de $12^m,00$ de largeur, élevé à la cote de $4^m,73$ et limité par un mur de quai d'embarquement reposant sur des blocs artificiels coulés à la cote de 6^m,00.

Pour éviter les désastres survenus les hivers précédents pendant cette période, la surface des enrochements émergeants était, à la fin de l'été, recouverte de massifs de maçonnerie.

En outre, abandonnant complétement le système d'exploitation des carrières par la poudre de mine, ce qui fragmentait par trop la pierre, on eut recours au procédé des éboulements produits dans les carrières par l'extraction des couches de terre et de gravier séparant les bancs du filon rocheux, ce qui permit d'obtenir des blocs de 10 à 15 tonnes, résultat jusque-là vainement cherché.

Cependant, malgré toutes ces précautions, les désastres continuèrent à se succéder tous les ans et pendant l'hiver de 1869 une grande quantité de pierre fut rejetée dans l'intérieur du bassin. Les ouvrages furent tellement maltraités qu'on fut sur le point d'abandonner les travaux.

A la suite de ce funest hiver, en 1870, il

fut présenté un projet de conclusion du port, projet élaboré par l'ingénieur M. Henriques, alors inspecteur des travaux publics aux Açores. Dans ce projet, l'auteur proposait de réduire la superficie abritée en diminuant la longueur du premier bras de la jetée.

En même temps cet ingénieur demandait à modifier le profil transversal et à couronner les enrochements par un mur d'abri en maçonnerie de $6^m,00$ d'épaisseur à sa base, continué du côté du port par un grand massif en pierre sèche posée à la grue sur $16^m,00$ de largeur.

Le mur d'abri devait s'élever à la cote de $12^m,00$ et être couronné par un parapet de $3^m,00$ de hauteur sur $4^m,00$ d'épaisseur. Le talus faisant face au large devait être revêtu de deux couches de blocs naturels ou artificiels de 10 tonnes au moins.

Toutefois, en avril 1872, à la suite des réclamations du commerce de l'île contre la réduction de la zone abritée et d'une rigoureuse inspection des travaux faites par M. l'ingénieur en chef d'Espregueira, il fut présenté un nouveau projet dû à la collaboration de cet illustre ingénieur et de M. Alvaro Kopke, qui fut sur-le-champ chargé d'en assurer l'exécution.

Ce projet conservait au premier bras la longueur prévue dans le projet Rennie et diminuait d'environ 100^m,00 celle du second bras.

L'aire totale abritée se trouvait ainsi réduite à 19 hectares, mais sans que pour cela cependant la zone utilisable fût diminuée. La limite d'abri du port étant, en effet, déterminée par une ligne partant de l'extrémité de la jetée dans la direction S. E., et la moitié du bassin du côté de la terre se trouvant remplie d'écueils, empêchant le stationnement et la manœuvre des navires, il en résulte que l'espace utilisable reste à peu près le même dans les deux projets, le dernier ayant, en outre, l'avantage de permettre l'entrée des navires par tous les vents.

Pour donner plus de stabilité à la jetée, son profil en travers fut modifié de la manière suivante:

Le talus extérieur des enrochements part, suivant cette modification, à la cote de 3^m,75 avec une inclinaison de 8 sur 1 jusqu'au niveau du zéro hydrographique. À cette inclinaison, on suit une autre de 6 sur 1 jusqu'à la cote de (— 5,^{m}0), puis de 3 sur 1 jusqu'à (— 10,^{m}0), et enfin de 1,5 sur 1, à partir de ce point jusqu'au fond de la mer.

Les enrochements sont couronnés par un mur d'abri de 10,^{m}00 de hauteur, assis au niveau de zéro. Son épaisseur à la base est de 6,^{m}00 et de 5,^{m}00 à la partie supérieure.

Ce mur d'abri est revêtu d'un parapet de 1,^{m}20 de largeur sur 1,^{m}20 de hauteur du côté de la mer. Intérieurement les enrochements sont rasés à la cote de 3,^{m}30, soit pour former le terre-plein du quai, dont la largeur est variable, soit pour constituer une berme de 5,^{m}00 suivie d'un talus de 45.°

L'étendue totale de la jetée, suivant ce projet, serait de 869,^{m}00. Il y aurait un mur de quai accostable de 490,^{m}00 de long, reposant sur des blocs artificiels à la profondeur maximum de 5,^{m}00.

La jetée se terminerait par une tête circulaire de 20,^{m}00 de diamètre, assise sur un massif de béton coulé à 1,^{m}5 au-dessous du zéro hydrographique.

Il n'était pas question de consolider les enrochements extérieurs par des blocs artificiels de grand poids, parce qu'on espérait que les nouvelles inclinaisons seraient suffisantes pour que les blocs naturels pussent se maintenir. Autour de la tête, cependant, on avait l'intention de couvrir les enrochements emergeants de blocs artificiels de 35 tonnes.

Le devis des nouveaux travaux fut fixé à 5.703.273 francs, chiffre qui additionné aux quantités dépensées jusqu'au 31 octobre 1871 élève la dépense totale à 13.343.435 francs.

Le service le plus important dû à ces deux illustres ingénieurs fut de modifier le système de construction des enrochements en introduisant le matériel nécessaire pour décharger la pierre par mer, de manière à pouvoir donner aux enrochements à partir de leur base les largeurs et inclinaisons projetées.

Seule la partie supérieure des enrochements continua à être construite au moyen d'un petit pont de service. Peu à peu ce pont fut lui-même abandonné, de sorte qu'en 1881 les enrochements supérieurs étaient faits, comme ils le sont aujourd'hui, c'est-à-dire, comme un simple remblai, au moyen d'un réseau de voies ferrées convenablement établies sur les enrochements émergeants.

L'examen du profil transversal de la jetée proposé par ces deux ingénieurs nous montre qu'à peu de chose près, il est le même que celui de Holyhead. Il y a cependant lieu de noter qu'entre les deux il existe une notable différence.

Dans la jetée de Holyhead, en effet, en vue de la grande hauteur des marées, la plateforme du quai est excessivement élevée, de sorte que le mur d'abri ayant 10,^{m}00 de haut au-dessus de zéro, n'a au-dessus du quai que 3,^{m}00 à découvert, alors que dans celui de Ponta-Delgada, où la hauteur des marées est de 2,^{m}30, le terre-plein du quai n'a que 3,^{m}30 au-dessus de zéro et par conséquent le mur d'abri à l'intérieur reste à découvert sur une hauteur de 6,^{m}70.

A Ponta-Delgada, le mur d'abri se trouve, donc, en plus mauvaises conditions de résistance que celui du port anglais.

Dans le projet les mortiers employés pour la construction du mur d'abri, aussi bien que pour celle du mur du quai, étaient composés de chaux et de pouzzolane de l'île.

Aujourd'hui il est surabondamment démontré que les mortiers de cette nature sont complétement incapables de résistir à l'action de l'eau de mer.

Les blocs artificiels sur lesquels repose la première partie du quai accostable, sont complétement avariés, présentant d'énormes cavités produites par l'enlèvement du mortier désagrégé et entrainé par l'eau.

En peu de temps, il fut aisé de se rendre compte de l'action destructive de l'eau de mer, et dès 1880, dans les blocs employés dans les fondations du quai, le mortier de pouzzolane fut remplacé avec le plus grand succès par un mortier de ciment et de sable ou de chaux du Teil et de sable.

On continua, cependant, malgré toutes les indications contraires, à employer le mortier de pouzzolane dans la construction de la partie supérieure du mur du quai, aussi bien que dans celle du mur d'abri.

En 1878, M. Kopke proposa une modification au projet antérieur. Cette modification consistait dans la construction du second tronçon suivant le système suivi dans le port de Marseille.

En 1881, sur les instances du commerce et des autorités locales, on nomma une commission chargée d'étudier différentes questions se rapportant au port et entre autres, celle de son agrandissement.

Suivant cette commission le port devait être élargi; la jeteé devait avoir $1181,^{m}94$ d'étendue et être formée de trois tronçons: le 1er de $715,^{m}15$, le second de $240,^{m}00$ et le 3e de $50,^{m}73$. reliés par des courbes de $58,^{m}48$ et de $37,^{m}58$ de développement.

L'angle formé par les deux premiers alignements était de $148°,30$ et celui formé par le second et le troisième beaucoup plus fermé.

La tête terminant la jetée devait avoir $40^{m},00$ de diamètre afin de permettre d'y établir une batterie pour la défense du port.

La nouvelle direction à donner au second tronçon du brise-mer fut immédiatement adoptée et les travaux se continuèrent les années suivantes avec la plus grande régularité et sans difficultés aucunes sous la direction de M. David Xavier Cohen. Puis, le Gouvernement ayant résolu de donner à l'entreprise l'achèvement des travaux, ce fut cet ingénieur qui fut chargé d'élaborer le projet d'achèvement qu'il présenta le 1er avril 1887.

Ce projet supprimait le troisième tronçon, dirigé vers le N.E. magnétique et prolongeait le second tronçon de 131,m37. Cette modification portait la largeur de l'entrée du port de 230,m00 à 310,m00, ce qui était devenu nécessaire par suite des grandes dimensions des navires qui actuellement fréquentent le port. La jetée se trouvait ainsi formé de deux bras faisant entre eux un angle de 148°30′, raccordés par une courbe de 58,m48 de développement.

Le premier tronçon devait avoir 755,m15

et le second 386,^{m}37; l'étendue totale de la jetée devait, donc, être de 1200,^{m}00.

La tête de la jetée, en forme de T, devait être formée par un massif placé transversalement au mur d'abri, formant au centre un rectangle de 30,^{m}00 de long sur 15,^{m}00 de large, les extremités étant en $^1/_2$ cercle de 7,^{m}50 de rayon.

On conserva les dimensions du mur d'abri indiquées dans le projet Espregueira-Kopke jusqu'alors en exécution, ainsi que les inclinaisons des talus. Cependant on porta à 10,^{m}00 la largeur de la berme.

La tête devait être constituée par un massif de blocs artificiels faits au mortier de ciment, assis à la cote de (-8,^{m}000) et s'élevant jusqu'au zéro hydrographique. A partir de ce niveau jusqu'au sommet la tête, comme le mur d'abri, devait être faite en maçonnerie au mortier de pouzzolane et de chaux grasse.

Le couronnement de la tête devait se trouver à la cote de 13,^{m}00, et c'est là que l'on devait placer le phare qui aujourd'hui existe au milieu de la jetée.

La surface du port abritée serait ainsi de 36 hectares et la zone utilisable de 23 hectares. Les quais s'étendaient sur une longueur de 720^m,00 et la profondeur de l'eau au-dessous du zéro hydrographique se trouvait être de 2,^{m}00 à 6,^{m}00 sur un parcours de 175,^{m}35, de 6^m sur 314,^{m}65 et enfin de 8,^{m}00 sur les autres 230,^{m}00.

Mise en adjucation, l'entreprise des travaux du quai fut adjugée aux entrepreneurs français M. M. Combemale et Michelon, le 19 janvier 1888, au prix de 6.932.645 francs.

Toutefois, avant la signature du contrat, le 27 décembre 1887, une tempête ayant causé divers dégâts aux ouvrages, ces mêmes entrepreneurs avaient été chargés des réparations, moyennant la somme de 444.444 francs. Comme jusqu'à ce moment on avait dépensé, pour l'exécution des travaux, francs 15.690.024, il s'en suivait que la totalité des dépenses faites ou à faire s'élevait à francs 23.067.113.

En janvier 1888 les entrepreneurs commencèrent les travaux qui furent poursuivis de toutes parts avec succès et sans accident digne de mention jusqu'au 7 décembre 1894, date à laquelle une violente tempête détruisit en quelques heures plus de 200,^{m}00 du mur d'abri, bouleversant les enrochements jusqu'à 20,^{m}00 de profondeur. Le mur détruit et plus de 300.000 tonnes d'enrochement furent projectées dans l'intérieur du port.

La plus grande partie du matériel qui se trouvait sur la jetée fut précipitée à l'eau, ainsi que la grue Titan qui avait côuté 350.000 francs.

La tempête atteignit sa plus grande violence vers 3 heures du matin du 8 décembre, au moment où le vent qui soufflait avec force du S.SE, sauta brusquement à l'O.SO. Vers minuit du 7 la vitesse du vent parvint à 93,6 kilomètres. Les vagues, s'élevant à une hauteur énorme, franchissaient le mur d'abri et tombant avec violence sur les enrochements intérieurs les fouillaient de fond en comble.

La lanterne du phare, placée à 19^m,7 de hauteur, fut complétement détruite et des blocs artificiels de 25 tonnes, qui se trouvaient sur la plateforme du quai, furent déplacés.

Les dégâts causés par cette tempête, la plus formidable qui ait sévi sur les travaux, furent évalués par le directeur M. Machado à 2.012.301 francs.

Les entrepeneurs suspendirent immédiatement leurs travaux et alors commença un long débat entre eux et le Gouvernement pour déterminer les responsabilités réciproques. La question fut tranchée par l'accord du 30 décembre 1896: le contrat du 19 janvier 1887 était résilié et l'on procédait à la liquidation des comptes des entrepreneurs.

A ce moment la dépense faite s'élevait à 21.804.957 francs. On avait construit 846,^{m}00 de mur d'abri, la presque totalité des murs des quais et coulé environ 1228,^{m}00 d'enrochement.

A la suite de cet accord, au commencement de janvier 1897, M. l'ingénieur en chef Conseiller Ferreira de Loureiro, fut chargé de l'inspection des ouvrages, et c'est alors que, d'accord avec M. Cordeiro de Souza, ingénieur nommé à cette même époque directeur des travaux, il jeta les bases d'un projet de réparation des dégâts causés et d'achèvement de l'œuvre. L'élaboration définitive du projet restait confiée à M. Cordeiro de Souza.

Suivant l'opinion de ces ingénieurs, comme déjà du reste l'avait pensé en 1895 M. l'inspecteur Silverio Pereira da Silva, il était indispensable pour éviter de nouveaux désastres semblables à celui de 1894, de revêtir dans sa partie supérieure le talus extérieur de la jetée, de blocs artificiels d'au moins 25 tonnes, et ce, sur une largeur de 20,^{m}00 à partir de la face extérieure du mur d'abri, près duquel il devrait y avoir un radier de béton de 4,^{m}60 de largeur sur 2,^{m}30 de hauteur. Il était également indispensable de revêtir l'intérieur du terre-plein du quai d'un radier maçonné d'au moins 1,^{m}20 d'épaisseur moyenne.

Les blocs extérieurs du revêtement devaient être en béton au mortier de bon ciment de prise lente. Pour le mur d'abri, aussi bien que pour la plateforme intérieure, on pourrait continuer l'emploi du mortier de pouzzolane additionnée d'une faible dose de ciment, à l'exception toutefois de la base du mur où on ne devait se servir que du mortier de ciment.

La tête de la jetée était modifiée : on lui donnait une forme circulaire de $15{,}^{m}00$ de diamètre à la partie supérieure, tangente à la face extérieure du mur d'abri.

Les murs des quais conservaient, dans le corps de la jetée, l'extension indiquée au projet antérieur, mais près de la tête venait s'ajouter un petit quai. La tête reposait encore sur des enrochements nivelés à la cote de (—8,0). La partie inférieure était formée de blocs artificiels jusqu'au niveau du zéro hydrographique.

Ce projet, portant la date du 1er janvier 1898, augmentait de plus de $32{,}^{m}79$ l'extension du second bras et donnait à la jetée la longueur totale de $1232{,}^{m}79$.

Le projet fut approuvé dans son ensemble par les pouvoirs compétents et c'est en conformité que la construction s'est continuée jusqu'à présent.

Toutefois le Gouvernement avait prescrit

qu'il y avait lieu de procéder à des études plus complètes sur certains points de détail. Aussi pour se conformer à cette détermination et en même temps chercher à donner satisfaction aux pressantes réclamations des autorités locales qui ne cessent de demander l'agrandissement de la zone d'abri, on étudie un nouveau projet tendant à prolonger un peu la jetée et à lui donner la longueur de 1289,^{m}56.

L'espace abrité se trouverait ainsi de 43 hectares et la zone utilisable de 25 hectares.

Le nouveau projet élève à 13,^{m}25 l'épaisseur du mur dans la partie démolie du second tronçon, dont 7,^{m}25 pleins et le reste formé de voûtes ayant leur axe perpendiculaire à celui du mur, 6,^{m}5 d'ouverture et 1,^{m}20 d'épaisseur à la clef.

Les piles entre les voûtes auront 3,^{m}5 d'épaisseur.

Toute la partie en courbe doit être pleine et d'une épaisseur moyenne de 11,^{m}62.

L'épaisseur totale du second tronçon doit être de 10,^{m}00 au couronnement, dont 5,^{m}00 pleins et 5,^m00 en voûtes ayant la même ouverture que celles du premier tronçon.

Les derniers 80,^m00 du mur n'auront pas d'ouvertures voûtées.

La largeur du parapet qui doit couronner le mur d'abri sera portée à 2,^m00; l'épaisseur du revêtement extérieur de blocs artificiels sera quelque peu augmentée et le poids minimum des blocs élevé à 35 tonnes à partir du pied du mur d'abri qu'il faut reconstruire. En compensation on diminuera un peu l'épaisseur du revêtement du terre-plein du quai et de la berme.

Le diamètre de la tête est, lui aussi, augmenté, devant être de 19,^m50 dans sa partie supérieure. Cette tête reposera à la profondeur de 14^m,00 au-dessous du zéro hydrographique sur des blocs artificiels d'au moins 35 tonnes.

Le mortier de pouzzolane est expressément interdit. Le mur d'abri, le mur du quai et la tête de la jetée seront construits au mortier de chaux du Teil et les blocs artificiels, aussi bien des fondations que du revêtement, seront au mortier de ciment de prise lente.

Ce projet évalue à 6.000.000 de francs les frais de reconstruction et de parachèvement de la jetée, chiffre qui additionné aux sommes dépensées jusqu'au 31 décembre 1899 donne la dépense totale de 28.683.257 francs. Chaque mètre courant de la jetée reviendra, donc, en moyenne à 22.242 francs, chaque hectare de surface abritée à 667.052 francs et chaque hectare de la zone pouvant permettre le stationnement et les manœuvres des navires à 1.147.330 francs.

Jusqu'au 31 décembre 1899 la pierre lancée à l'eau pour les enrochements s'est élevée à 4.830.888 tonnes et comme pour compléter les travaux il y a encore lieu de lancer 200.000 tonnes, il s'en suit que chaque mètre courant d'enrochement aura nécessité en moyenne 3.901 tonnes de pierre.

Cette longue narration des travaux nous démontre jusqu'à l'évidence les inconvénients des enrochements à pierres perdues, qui, dans des mers aussi tourmenteés que celle des Açores, ne sauraient dispenser des revêtements artificiels, quelle que soit du reste l'inclinaison des talus. Nous voyons

également par là combien sont payées cher
et ce, à bref délai, les économies cherchées
soit dans l'étude des projets d'ouvrages de
cette nature, soit dans leur propre exécution.

De l'économie réalisée dans la construction du pont de service et, par suite, de la
faible quantité de pierre fournie par jour, il
est résulté l'encombrement intérieur du port;
de l'emploi du mortier de pouzzolane, la
destruction des blocs des fondations du
quai, ce qui, combiné avec le peu d'épaisseur du mur d'abri et l'absence de revêtement sur les enrochements, a amené la destruction de ce mur et permis à la mer de
déplacer ces mêmes enrochements et de les
rejeter dans l'intérieur du port.

Il convient également de remarquer que
dans ces parages la mer, à 20,^{m}00 de profondeur, roule des pierres de 2 à 3 tonnes
et qu'il y a, par conséquent, lieu de former
la face extérieure des talus du large, sur
toute sa hauteur, de blocs de plus fortes dimensions.

Le matériel en état de fonctionner, dont on dispose actuellement pour l'exécution des travaux, est le suivant:

Locomotives   5
Wagons   174
Grues à vapeur   7
Grues à bras   16
Remorqueur   1
Pontons . . . . :   10
Grue flottante à vapeur   1
Grue flottante à bras   1

sans compter le petit matériel qui existe, en général, sur tous les chantiers de cette nature.

La grue Titan qui avait été précipitée à la mer par la tempête de décembre 1894, va être mise en état de fonctionner à nouveau. Toutes les pièces du machinisme ont déjà été retirées de l'eau en parfait état de conservation.

La Direction possède, en outre, des ateliers assez bien montés et en état de réparer non seulement le matériel destiné aux travaux, mais encore de rendre d'importants

services aux nombreuses embarcations que,
tous les hivers, leurs avaries obligent à tou-
cher à ce port.

Indépendamment de ces ateliers, on mon-
te, en ce moment, dans l'intérieur du port,
d'importants ateliers particuliers destinés
surtout à réparer ces avaries.

Il est hors de doute que le port qui, grâce
aux dimensions prévues au projet actuel, est
aujourd'hui parfaitement abrité de tous les
vents, de quelle direction qu'ils soufflent,
mais surtout contre les vents du S.O et du
N.O, réunit toutes les conditions exigées
pour faire face aux besoins actuels de la navigation, et que, si plus tard la nécessité
s'en faisait sentir par suite de l'augmentation du mouvement maritime, il serait aisé,
par des dragages et l'enlèvement des écueils
sous-marins, d'agrandir la zone utilisable,
aujourd'hui à peu près la moitié de l'aire
abritée.

Le port, tel qu'il est, est plus que suffisant pour les besoins du commerce local et
ce qui surtout peut amener la nécessité de
l'élargir, c'est l'affluence de plus en plus

considérable des navires qui y viennent chercher des vivres frais, attendre des ordres, prendre du charbon ou réparer des avaries.

La pose d'un fil télégraphique reliant l'île au continent européen, a, en peu de temps, doublé le nombre des atterissages. Ce chiffre sera rapidement augmenté lorsque le télégraphe aura mis l'île en contact avec l'Amérique et que le canal de Panama sera ouvert à la navigation.

Le tableau suivant montre quelle a été l'augmentation des atterrissages dans les cinq dernières années.

Années	Navires			Tonnage
	à voile	à vapeur	Total	
1895	164	315	479	539.857
1896	165	345	510	560.359
1897	157	436	593	929.182
1898	143	513	656	1.054.286
1899	143	603	746	1.409.287

Ce port, par sa situation exceptionnelle au milieu de l'Atlantique, à peu près à égale distance des trois grands continents d'Europe, d'Afrique et d'Amérique, rend les plus grands services à la navigation de tous les pays et répond encore plus aux besoins des intérêts internationaux qu'à ceux de la localité.

Des 746 navires qui ont touché au port dans le courant de l'année dernière, 226 à peine y sont venus traiter d'affaires commerciales: 356 y ont été conduits par la nécessité de s'y approvisionner de charbon et les autres pour se ravitailler, réparer des avaries ou attendre des ordres.

La quantité de charbon fourni aux navires en 1899 a été de 65.500 tonnes et il y a tout lieu de penser que ce chiffre sera bientôt dépassé si l'on envisage la progression jusqu'ici toujours croissante qui n'a cessé de se manifester.

Indépendamment du remorqueur de l'entreprise, il existe dans le port deux autres remorqueurs appartenant au commerce et destinés au service d'entrée et de sortie des navires, soit en temps de calme, soit par le mauvais temps.

La position du port est signalée par un phare de 4e ordre, à feu rouge fixe, visible à

neuf milles de distance, ce qui est suffisant
pour répondre aux nécessités de son établis-
sement.

De ce que nous venons d'énoncer on peut
tirer une conclusion d'ordre supérieur et que
nous ne saurions passer sous silence:

Le Portugal, malgré l'exiguité de ses res-
sources, se souvenant de ses vieilles tradi-
tions, ne recule devant aucuns sacrifices,
quelques grands qu'ils soient, pour mener à
bien, au milieu de l'immensité de l'Atlantique, une œuvre d'amelioration destinée à
rendre plus de services à l'humanité qu'à
ses propres intérêts.

Ponta-Delgada, le 10 février 1900.

DINIZ MOREIRA DA MOTTA.
Directeur des travaux.